Claude Monet　Claude Monet　Claude Monet　Claude Monet　Claude Monet　Claude Monet　Claude Monet

지베르니를 가로지르는 센 강의 지류
1897년, 오르세 미술관, 파리

그렇지만 그림 그리기가 결코 쉬운 건 아니야. 서둘러야 해. 아침이 밝으면 새벽의 신비로운 분위기가 달아나 버리거든. 해님은 뭐가 그리 급해서 발걸음을 서두르는 걸까? 모네 할아버지가 그리려고 했던 새벽안개 속의 강변 풍경은 아차 하는 순간 삽시간에 사라지고 말지.

이런! 알미운 아침 햇살이 건너편 강둑을 비추고 있어. 야속하지만 이대로 물러설 순 없지. 그래, 모네 할아버지가 두 번째 캔버스를 꺼내셨어. 노란 물감을 짜서 빠른 붓질로 캔버스를 수없이 두드리셔. 그렇게 그리니 그림 속 나무에도 노란 햇살의 느낌이 제대로 살아나. 이번에는 붓을 가로로 잡고 좌우로 흔들면서 색칠을 하셔. 옳지, 강물에 비친 햇살이 울렁대면서 갑자기 그림이 숨을 쉬는 것 같아. 찰랑거리는 물살에 비친 아침 햇살을 이보다 더 생생하게 표현할 수 있을까? 그것도 흔들리는 나룻배 위에서 말야!

이번엔 은빛 구름을 그릴 차례야. 창백한 장밋빛을 섞으면 어떨까? 숲 그림자에는 보라색이 제격이야. 그림자에 왜 보라색을 칠하냐고? 모네 할아버지는 그림을 그릴 때 검정이나 회색을 사용한 적이 한 번도 없어. 그림자조차도 고유색을 가지고 있다고 생각하시거든. 그림자까지 알록달록하니 우리 요정들한테는 신나는 일이지 뭐야.

무지개다리

모네 할아버지가 정신없이 붓을 놀리고 있는데 어느 틈에 해가 완전히 떴어. 이마가 조금씩 따가워지기 시작해. 모네 할아버지의 원망스러운 한숨 소리가 우리에게도 들리는 것 같아. 이제 나룻배 아틀리에에서 떠날 시간이야. 모네 할아버지도 그림 도구를 주섬주섬 싸 들고 집이 있는 언덕배기를 쳐다보셔. 내일도 날씨가 화창하려나? 궂은 날씨에는 야외 작업을 하기가 어렵거든. 화창한 날씨에 새벽안개까지 자욱하게 깔려 준다면 금상첨화일 텐데.

우리 요정들은 모네 할아버지의 모습을 지켜보는 게 재미있어. 그림 그릴 때 모네 할아버지의 얼굴에는 행복이 가득하거든. 하지만 붓을 놓고 있을 땐 영락없이 깃털 빠진 노르망디의 싸움닭이지 뭐야.

나룻배에서 돌아온 모네 할아버지는 무지개다리를 건너서 집 안 정원을 산책하시지. 아침을 드실 때까진 시간이 조금 남았거든. 모네 할아버지는 정원에 큰 연못을 파고 연못을 가로지르는 무지개다리를 지었어. 다리라고 해 봐야 처음엔 둥근 아치 모양의 발판밖에 없었는데 난간을 올리면서 모양이 잡혔단다. 모네 할아버지는 정원 연못의 무지개다리에 꽤 자부심을 가지고 있었나 봐. 1899년 한 해 동안 무려 열여덟 번이나 무지개다리를 그림 소재로 삼은 걸 보면 말야.

무지개다리 아래에 수줍은 수련들이 얼굴을 봉긋이 내밀고 있어. 우리도 무지개다리를 무척 사랑한단다. 무지개다리에 우르르 걸터앉아서 수다를 떨거나 다리를 첨벙거리지. 또 수련 꽃잎에 이슬이 얼마나 맺혀 있나 헤아려 보기도 해. 수양버들 아래 백합과 붓꽃, 그리고 옥잠화와 물망초가 피어 있는 풍경은 천국이 따로 없어. 오늘 낮에 파티가 열리면 이 정원의 연못을 둘러보는 손님들도 틀림없이 무지개다리를 보고 감탄할 거야. 정말이야, 내기를 해도 좋다니까!

수련 연못, 초록색의 조화
1899년, 오르세 미술관, 파리

베퇴유

모네 할아버지는 정원에 채마밭까지 가꾸고 계셔. 수련이 만발한 연못 정원, 장미 울타리 안에 꽃밭이 가득한 노르망디 정원, 그리고 지베르니 마을 끝자락에 있는 채마밭까지 보통 정성이 아니야. 하지만 모네 할아버지 혼자서 도맡기엔 벅찬 규모라서 따로 정원사 여섯 명을 고용했어. 잡초를 뽑고 가지를 치는 모네 할아버지의 표정은 세상에서 가장 행복해 보여. 근심 걱정이 하나도 없는 사람처럼 보이지.

예전에는 지금보다 더 많은 정원을 가꾸기도 했어. 파리에서 기차로 15분 거리에 있는 아르장퇴유에 살 때도 그랬단다. 1871~78년까지 그곳에서 살았으니 7년이나 정성을 쏟은 정원이었지. 모네 할아버지는 아르장퇴유에서 사는 동안 그림을 170점이나 그렸어. 모네 할아버지의 사랑스러운 아내 카미유와 어린 아들 장도 그때 그린 그림에 이따금씩 등장해.

정원 가꾸기는 지금이나 그때나 모네 할아버지의 유일한 취미였나 봐. 1878년에 베퇴유로 이사해서도 정원 가꾸는 일은 계속됐으니까. 모네 할아버지는 베퇴유에서 1881년까지 사셨어.

베퇴유의 정원은 항상 아이들의 웃음소리로 가득했지. 하지만 행복의 시간은 길지 않았어. 아내 카미유가 시름시름 앓다가 그만 세상을 떠나고 말았거든. 그 뒤 돌보는 사람이 없는 정원에는 하릴없이 해바라기만 껑충하게 자랐어. 해바라기는 성장이 빠르고 사람의 손길이 없어도 햇볕만 받으면 쑥쑥 크니까 말이야. 해바라기 씨앗은 구입할 때도 가격이 싸지만, 수확해서 팔아도 목돈이 안 돼. 모네 할아버지는 아내를 떠나보낸 뒤, 허전한 마음을 추스르기 위해 화훼 도록을 구입하고 희귀하고 값진 품종의 씨앗을 주문하기 시작했어.

베퇴유에 있는 모네의 집 정원
1880년, 워싱턴 국립미술관

야외에서 그림 그리기

눈밭의 까치 1868년, 오르세 미술관, 파리

모네 할아버지의 삶은 평탄치 않았어. 가난이 가장 큰 문제였지. 하지만 모네 할아버지는 괴로우나 즐거우나, 눈이 오나 비가 오나 밤낮을 가리지 않고 그림을 그렸어. 그림 도구를 싸 들고 외출하는 일과는 변하지 않았지. 그 당시 파리에서는 전통적인 방식에 따라 아틀리에에서 그림을 그리는 대신, 자연을 직접 보며 그림 그리는 화가들을 외광파 화가라고 불렀어.

야외에서 작업을 하다 보니 힘든 일도 많았어. 벼랑 사이로 몰아치는 돌풍이 이젤을 날려 버린 적도 있었고, 때로는 코가 떨어질 만큼 찬바람을 맞으면서 언 손으로 붓을 놀려야 했어.

예전에도 화가들이 간단한 스케치 정도는 야외에서 그리곤 했어. 하지만 본격적인 밑그림과 유화 작업은 아틀리에에서 하는 것을 당연하게 여겼지. 그림 도구를 몽땅 싸 들고 밖으로 나갈 수 있게 된 건 순전히 천재 화학자들이 다양한 유화 물감을 발명하고, 그 후에 화가들이 쉽게 사용할 수 있는 튜브 물감이 탄생했기 때문이야.

지베르니 정원을 그린 그림들은 겨울철이 하나도 없어. 모네 할아버지는 항상 따뜻하고 즐거움이 넘치는 행복한 풍경만 그렸어. 마치 무지개의 끝자락을 붙잡고 싶어 하는 소년처럼 말이야.

지베르니의 연못 정원에 떠 있는 수련을 정원사들은 '님페아'라고 불렀어. '님페아'는 수련 이름이기도 하지만 '요정 아가씨'라는 뜻이기도 해.

아르장퇴유의 개양귀비 언덕
1873년, 오르세 미술관, 파리

모네 할아버지는 아르장퇴유 시절에 개양귀비 언덕을 몇 점 그렸어. 나중에 모네 할아버지와 결혼한 알리스는 들에 지천으로 핀 빨간 개양귀비를 무척 좋아해서 아이들과 산책을 나갈 때면 한 묶음씩 꺾어 오곤 했지. 푸른 언덕에 점점이 피어 있는 개양귀비 꽃들은 마치 봄의 여신이 뿌려 놓은 것처럼 화사해 보여.

예전 화가들은 풍경화를 그릴 때면 으레 목신과 요정을 그려 넣곤 했어. 하지만 모네 할아버지는 그런 데에 마음을 두지 않았지. 물론 모네 할아버지도 우리 요정들을 어렴풋이 의식하고 있었을 거야. 알고는 있지만 말은 안 하는 과묵한 사람이 가끔씩 있잖아?

모네 할아버지가 그린 개양귀비 언덕을 보면 할아버지가 왜 신화 그림을 안 그렸는지 이해할 수 있을 것 같아. 푸른 풀밭을 배경으로 핀 붉은 개양귀비가 우리 눈엔 무척 자연스러워 보이지만, 당시의 미술 전통으로 따지면 도저히 씨알이 먹히지 않는 시도였어. 초록과 빨강은 노랑과 보라, 파랑과 주황 같이 보색 관계이기 때문이지. 전혀 상반된 두 가지 색채를 중간 단계 없이 이렇게 맞붙여 두는 걸 고전주의 화가들은 끔찍하게 싫어했어.

그런데 모네 할아버지와 같은 인상파 화가들은 이런 금기를 아무렇지도 않게 깨뜨렸어. 초록과 빨강은 전혀 안 어울리지만, 보색의 대비 효과 덕분에 초록은 더 초록답고 빨강은 더 빨강답게 보이거든. 이것은 인상파 화가들이 이룬 19세기 미술의 가장 위대한 발명이야.

풀밭의 아침 식사(부분) 1865~66년, 오르세 미술관, 파리

정원이 수런수런 깨어날 즈음이면 모네 할아버지는 느릿느릿 부엌으로 들어가셔. 파란색 타일이 장식된 부엌에는 푸짐한 아침 식사가 기다리고 있지. 일찍 일어나서 아침을 든든하게 먹는 게 건강에는 최고야.

모네 할아버지는 1840년 파리에서 태어나셨어. 그리고 센 강이 바다로 흘러드는 르 아브르 항구에서 어린 시절을 보냈지. 모네 할아버지의 아버지가 그곳에서 장사를 하셨거든. 모네 할아버지의 아버지는 아들이 화가가 되는 걸 탐탁잖게 여겼지만, 일찌감치 그림에 재능을 보였던 꼬마 모네는 친구나 선배들과 어울려서 바닷가로 그림 소재를 찾아다녔어. 그러다 열아홉 살이 되자 본격적인 그림 공부를 하러 파리로 떠나온 거야.

미술 아카데미의 학생들과 달리 모네 할아버지는 늘 자연과 함께 숨 쉬면서 그림 그리기를 좋아했어. 미술의 낡은 전통 같은 건 과감히 거부하고, 가깝게 지내던 바질, 시슬레, 르누아르 같은 또래 친구들을 설득해서 아틀리에 바깥으로 나가자고 설득했지. 숲 속이야말로 진정한 화가들의 아틀리에라면서 말이야.

모네 할아버지는 스물다섯 살 되던 해에 대작을 그리기 시작했어. 폭이 5미터 정도, 아니 7미터쯤 되는 엄청난 크기의 그림인데 실물 크기의 모델이 열두 명이나 등장하는 대작이었지. 숲 속 풀밭에 소풍 나온 사람들의 아침 식사가 그림 주제였어. 그런데 아쉬운 사실은 모네 할아버지가 이 작품을 끝내 완성하지 못했다는 거야.

　이 그림이 미완성이 된 데는 안타까운 사정이 있었어. 당시 모네 할아버지는 무척 가난했어. 그래서 밀린 방세 대신 못 다 그린 이 그림을 집주인에게 맡겨야 했지. 나중에 형편이 나아져서 그림을 되찾았는데 글쎄, 집주인이 아무렇게나 둘둘 말아 지하실에 처박아 두는 바람에 곰팡이가 하얗게 슬어 있었다지 뭐야. 썩은 부분을 잘라 내고 성한 부분만 두었는데 그게 현재 남아 있는 그림의 전부야.

　이 그림에는 모네 할아버지 특유의 야외 작업 방식이 잘 나타나 있어. 만약 실내에서 그린 그림이었다면 풍경 속 나뭇잎이나 등장인물의 의상이 훨씬 정교하고 빈틈없이 처리되었을 거야. 하지만 모네 할아버지의 그림에서는 성긴 물감 덩어리들이 거친 색면들의 조합을 만들고 있어. 거칠고 억센 자연의 숨소리가 그대로 묻어나는 걸 느낄 수 있지.

　풀밭 위에 깔아 둔 흰 천에 햇살이 묻어나고, 나무 그림자가 검푸른 얼룩을 던지는 장면이 모네 할아버지의 눈길을 끌었을 거야. 모네 할아버지는 생동하는 태양과 숲의 아침이 기지개를 켜는 순간의 인상을 그리고 싶었던 거야.

인상, 해돋이
1872년, 마르모탕 박물관, 파리

지베르니의 정원
1902년, 오스트리아 벨베데레 갤러리, 빈

노적가리 1890년, 개인 소장

조금 전에 동이 튼 것 같은데 어느새 날이 밝았어. 부엌에서 떠들썩한 소리가 들려. 채소밭과 닭장이 있는 농가 쪽도 소란스럽긴 마찬가지야. 오후에 몰려들 손님들을 위해 점심 준비를 하느라 그렇겠지? 모네 할아버지는 아주머니와 일꾼들의 호들갑을 피해서 작업실로 들어가셨어. 커다란 수련 연작을 마무리하시려나 봐. 연작이란 같은 소재나 주제의 작품을 여러 개 연이어 그린 그림을 말해. 인상파 화가들이 수집했던 일본 판화에도 연작이 흔해.

모네 할아버지가 연작을 그리기 시작한 건 1890년부터야. 연작의 첫 소재는 노적가리(추수한 곡식 단을 쌓아 둔 더미)였어. 볼품없고 그다지 아름답지도 않은 노적가리를 그림 소재로 삼은 건 순전히 모네 할아버지의 건강 문제 때문이었어. 그해에 줄곧 비가 내리는 바람에 모네 할아버지의 관절염이 도졌거든. 기차 여행도 포기하고 시골에 눌러앉은 모네 할아버지는 지천에 널린 노적가리를 그리기 시작했어.

그런데 아침 해가 뜨고 중천에 올랐다가 서쪽으로 꼴깍 넘어갈 때, 그리고 계절이 바뀔 때마다 노적가리가 다르게 보이는 거야. 푸르스름했다가 노르스름했다가 불그스름했다가 때로는 활활 타는 것 같다가 또 보석처럼 투명해지기도 하는 노적가리는 모네 할아버지의 영혼에 불을 당겼어. 모네 할아버지의 유명한 노적가리 연작은 이렇게 탄생한 거야.

노적가리, 늦여름
1891년, 오르세 미술관, 파리

모네 할아버지는 노적가리에서 도저히 벗어날 수 없었어. 눈 내리는 날의 노적가리, 어스름 무렵의 노적가리, 이른 봄의 노적가리, 안개 낀 날의 노적가리, 비 내리는 날의 노적가리까지 닥치는 대로 그려 댔지. 똑같은 사물이 이처럼 변화무쌍하게 바뀌는 건 그야말로 기적과 같았어. 하지만 자연의 변신은 순식간에 일어나기 때문에 그 순간을 붙잡는 건 불가능에 가까웠어. 이때부터 순간의 인상과 모네 할아버지 사이에 처절한 사투가 시작되었지.

모네 할아버지는 여러 개의 캔버스를 늘어놓고 시시각각 달아나는 순간들과 달음박질을 벌였어. 빛도 강약이 있고, 그림자도 색깔이 있다는 깨달음은 모네 할아버지를 흥분시켰어. 이렇게 해서 탄생한 노적가리 연작은 형태와 물성은 사라진 채 순수한 색채만 남은 인상적인 작품이 되었단다. 아름다움도, 의미도, 상징도 가지고 있지 않은 하찮은 노적가리가 예술이라는 눈부신 옷을 입게 된 거야.

훗날 표현주의와 추상주의 화가들은 모네 할아버지의 노적가리를 보고 입을 다물지 못했대. 노적가리 작품에서 오직 색채로만 이루어진 위대한 교향곡을 들었던 거야. 지극히 단순한 형태와 순수한 색채의 화음이 시대를 뛰어넘어 깊은 여운을 남긴 거지.

루앙 대성당

새벽 여명 속의 루앙 대성당
1894년, 보스턴 미술관

한낮 햇살 속의 루앙 대성당
1893년, 오르세 미술관, 파리

모네 할아버지는 런던에 갔을 때 템스 강 연작을 그렸어. 엡트 강가의 파릇한 포플러 나무도 연작으로 그렸지. 햇살의 농도에 따라서 노랑, 연두, 초록, 주황의 느낌이 제각기 다르게 보이는 작품들이야. 지베르니의 수련 연작을 제외하면 모네 할아버지의 가장 빼어난 연작은 루앙 대성당 그림들이지.

모네 할아버지는 1892년에 루앙 대성당 바로 앞 집에서 석 달 동안 작업을 하셨어. 캔버스를 무려 14개나 늘어놓고 그림을 그렸지. 그러고도 부족했던지 모네 할아버지는 이듬해에 또 루앙을 찾았어. 하지만 대성당 정면부에 햇빛이 비쳐 들면서 시시때때로 바뀌는 형상을 포착하는 작업은 결코 쉽지 않았어. 방금 보았던 것이 미처 붓을 잡기도 전에 종적 없이 사라질 때면 모네 할아버지는 머리카락을 쥐어뜯으며 절망하고 몸부림쳤지. "캔버스에 남은 건 색채가 아니라 물감의 딱딱한 비늘뿐이야."라고 아내에게 쓴 편지 구절을 보면 그때 모네 할아버지의 심정을 짐작할 수 있을 것 같아. 그런데 이처럼 돌가루를 발라 붙인 것 같은 기괴한 그림들이 전시되자 사람들은 열광하기 시작했어. 루앙 대성당 연작은 모네 할아버지에게 엄청난 성공을 가져다주었지. 오랜 고난 끝에 드디어 프랑스 미술계의 조명을 받게 된 거야.

해 질 녘의 루앙 대성당
1892년, 마르모탕 박물관, 파리

파리의 카퓌신 대로 1873년, 국립 푸슈킨 미술관, 모스크바

파리는 휴일이면 넓은 거리가 사람들로 가득 차. 모네 할아버지에게 인파를 그리는 건 아주 간단한 일이야. 세로로 붓질 한 번 하면 사람이 완성되니까. 또 가로로 두어 번 붓질하면 마차가 되지. 눈, 코, 입 같은 건 과감하게 생략하는 게 진정한 인상파야.

모네 할아버지는 파리를 무척 사랑했어. 대도시의 활력 넘치는 풍경과 물고기 떼처럼 몰려다니는 인파는 흥미로운 그림 소재였어. 외광파 화가들이 으레 그랬던 것처럼 모네 할아버지는 사람들을 그릴 때도 빠른 붓질로 캔버스를 툭툭 두드리는 것처럼 단순하게 그렸어. 아카데미 미술이 최고라고 생각하는 비평가들은 이런 걸 엉터리 그림이라고 본 척도 안 했지만, 그런 비난도 다 지난 일이 되고 말았지.

세월은 멈출 수 없어서 모네 할아버지도 나이가 많아졌어. 이제는 흰 수염이 근사하게 났지. 사람들이 북적대는 파리에는 언제 나들이를 갔는지 기억조차 가물가물해. 그 대신 이제는 다른 도시, 다른 나라에서 많은 사람들이 모네 할아버지를 보러 지베르니를 방문해. 모네 할아버지는 먼 곳 나들이는 힘들지만, 수련 연못을 둘러보고 정원을 산책하고 가끔씩 작업실에 드나드는 것만으로 충분히 만족해서.

반가운 손님들이 오면 모네 할아버지는 노란 방에 모여서 함께 식사를 하지. 오늘은 모네 할아버지의 세례일이니까 친숙한 작가, 미술 중개상들이 많이 모일 거야. 프랑스 수상 클레망소도 참석하겠다고 기별이 왔어. 아마 귀부인과 도련님 들도 많이 오겠지.

점잖은 어른들은 느긋하게 산책을 하며 따분한 정치 이야기로 담소를 나눌 거야. 지위가 높은 사람들일수록 미술에는 문외한이 많거든. 어린아이들은 염소 나니가 끄는 수레를 타고 정원 오솔길을 돌아다니겠지. 그렇지만 우리 요정들이 수레 뒷자리에 몰래 올라타고 있는 건 아무도 눈치채지 못할걸?

수련 1904년, 덴버 아트 뮤지엄

이곳 지베르니를 방문한 손님들에게 가장 큰 선물은 수련 연못이야. 정성껏 가꾼 정원과 연못, 무지개 다리를 보면 다들 입을 다물지 못하지. 손님들은 꽃들의 아름다운 자태와 향기에 취해서 만약 지상에 진정한 천국이 존재한다면 바로 이곳일 거라고 입을 모으곤 해. 지베르니의 정원과 수련 연못은 예술 작품이 탄생한 요람이지만 그 자체가 하나의 살아 숨 쉬는 예술품이기도 해.

모네 할아버지는 1900년에 파리에서 수련 그림을 26점이나 전시했어. 1909년에는 48점을 더 그려서 전시했지. 똑같은 수련 그림인데도 모두 다른 그림처럼 보이는 게 놀랍기만 해. 이것도 수련 그림이야. 그림 위쪽에 수련이 무리지어 떠 있고 연못가의 무성한 갈대 무리와 제멋대로 헝클어진 덤불도 보여. 그렇지만 놓칠 수 없는 건 물속에 비친 풍경이야. 연못의 수면은 거울처럼 하늘과 버드나무와 연못 주위의 풍경을 비추어 주지. 연못 수면에는 바람이 쓸고 지나간 잔물결의 흔적이 남아 있어. 수면에 비친 하늘과 구름과 버드나무도 잔물결과 함께 흔들려. 모네 할아버지는 자연의 숨결을 붙잡고 싶었던 게 아닐까?

수련
1916~19년,
오르세 미술관, 파리

나중에 그린 수련 연작을 보면 연못 가장자리의 갈대나 덤불이 사라진 걸 알 수 있어. 수련과 연못 수면의 변화에만 집중하고 있는 거야.

수련은 게으른 햇살을 받으며 꿈을 꾸는 듯한 표정을 짓고 있어. 우리 요정들의 눈에는 그런 게 다 보여. 파랑과 초록, 하양이 만들어 내는 색채의 천국은 도대체 어디에서 시작해서 어디에서 끝나는 걸까? 모네 할아버지의 그림은 경계는 물론이고 앞뒤와 좌우도 없는 것 같아. 누가 장난삼아 그림을 거꾸로 걸어 놓더라도 아무도 모를 게 뻔해. 아무런 욕심이 담기지 않은 단순한 붓질과 더할 나위 없이 간단한 몇 가지 색채만 가지고도 이렇게 눈부신 천국의 풍경을 그려 낼 수 있다니, 그리고 우리 요정들을 꿈꾸게 할 수 있다니. 모네 할아버지의 붓은 알 수 없는 요술을 부리는 것 같아.

수련 연못가의 수양버들 1920년, 오랑주리 미술관, 파리

손님들이 집으로 돌아가자 정원은 다시 정적을 되찾았어. 모네 할아버지는 얼마 전 새로 지은 큰 작업실 문을 열었지. 모네 할아버지는 나이 탓인지 시력이 많이 나빠졌어. 눈이 거의 보이지 않게 되었지만 그림 그리는 일은 멈추지 않으셔.

친구들의 격려와 위로 덕분에 모네 할아버지는 다시 대작을 그리기 시작했어. 이 그림이 완성되면 조국 프랑스에 기증할 생각인가 봐. 이미 루브르 박물관 가까이에 있는 오랑주리 미술관에 그림을 전시할 공간도 마련했대.

그림의 소재는 늘 그랬듯이 지베르니 정원 연못의 수련이야. 하지만 이번 작품은 크기가 굉장해. 높이가 2미터에 폭은 12미터나 되니까 상상하기 어려울 정도지. 아마 어지간한 대형 그림은 옆에 갖다 붙이기도 어려울 거야.

둥근 타원형 공간 둘을 맞댄 오랑주리 미술관의 실내 전시 공간에 이 그림을 걸면 마치 지베르니 수련 연못을 실제로 산책하는 것 같은 착각이 들 거야. 연못을 떠도는 안개와 찰랑거리는 물결, 수면 위에 잘게 부서지는 빛무리와 수련을 질투하는 짓궂은 구름이 손에 잡힐 듯이 느껴질 테니까 말이야.

오랑주리 미술관에는 관람객들이 항상 길게 줄을 서서 기다리곤 해. 그들의 얼굴엔 예술을 향한 모네 할아버지의 헌신에 대한 존경과 감사의 표정이 가득해. 그리고 이들이 벽면을 가득 채운 거대한 수련 연못을 응시하는 순간, 기대가 찬탄으로 바뀌는 극적인 변화를 눈빛에서 확인할 수 있지.

예술은 진심으로 이해하고 사랑하는 사람들의 마음과 마음 사이로 전해지는 건가 봐. 가난하고 불행한 삶을 살았던, 그러나 자신의 천국에서 누구보다 행복했던 모네 할아버지가 우리에게 남겨 준 천국의 풍경이 사람들 눈빛에서 감동으로 되살아나는 건 결코 우연이 아니야.

그런데 모네 할아버지의 수련 그림을 보러 오는 사람들이 우리 요정들의 모습도 알아볼까? 수줍게 벌어진 수련의 싱싱한 꽃잎 위에 함초롬히 앉아 있는 우리들의 모습을?

클로드 모네의 또 다른 작품들 노성두 기획·글

양산을 쓴 여인
1886년, 오르세 미술관, 파리

햇살이 따갑습니다. 바람이 우수수 불어옵니다. 모자를 쓰고 드레스를 차려입고 산책을 나온 여인은 바람에 양산이 날아갈까 봐 양산을 등에 바짝 붙였습니다. 화가는 둔덕 아래에서 양산을 쓴 여인을 올려다봅니다. 덕분에 파란 하늘과 구름도 그림 속에 자리 잡았습니다. 여인이 목에 두른 흰색 스카프가 바람을 따라 이리저리 춤춥니다. 심술궂은 바람은 여인의 드레스도 잡아챕니다.

모네는 햇살과 그림자의 효과를 그리는 일에 깊은 관심을 가졌습니다. 그래서 옷자락이 바람에 출렁거리는 순간에 갈대밭의 누런 색채가 흰색 드레스에 묻어나는 것을 유심히 살펴보았지요. 또한 여인의 왼팔과 오른팔을 전혀 다른 색으로 처리했습니다. 양산도 마찬가지입니다. 초록색 양산의 복판과 가장자리는 색의 명도가 뚜렷하게 차이 납니다. 갈대밭에 드리워진 여인의 그림자는 단순한 검은색이 아닙니다. 그 안에는 수많은 색채들이 어우러져 있습니다.

산책 나온 여인은 누구일까요? 우리는 여인의 얼굴을 전혀 알아볼 수 없습니다. 이목구비가 사라진 얼굴은 마치 색의 뭉텅이처럼 보입니다. 그림 속 여인은 이 그림을 보고 서운해했을지도 모르지만 모네에게 얼굴 생김새는 전혀 중요하지 않았습니다. 인상파 화가들은 인물이나 정경을 실제 모습과 똑같이 재현하는 데에는 관심을 두지 않았으니까요.

생 타드레스의 테라스 1867년, 메트로폴리탄 미술관, 뉴욕

'생 타드레스'는 르 아브르 항구에서 북쪽으로 조금 벗어난 곳에 위치한 부유한 마을입니다. 이곳에는 모네의 고모가 살고 있었습니다. 고모 댁을 방문한 모네는 이곳에서 영국 해협이 바라보이는 테라스 전경을 그렸습니다.

그림자가 길어진 한가로운 오후에 모네의 가족이 모였습니다. 앞쪽에 고모와 아버지가 앉아 있고, 약간 떨어진 난간 울타리 근처에서는 사촌 누이 잔 마르게리트가 남자 친구와 대화를 나누고 있습니다. 범선, 증기선, 유람선이 멀리 수평선 근처에 달라붙어 있고, 가까운 곳에 있는 범선 한 척은 바람에 돛폭을 부풀리며 파도를 가릅니다. 깃발이 펄럭이는 방향과 증기선 굴뚝에서 뿜어 나오는 증기의 흐름을 보면 따뜻한 남풍이 불어오고 있다는 사실을 짐작할 수 있습니다.

그림의 구성은 무척 엄격한 기하학적 형식을 따르고 있습니다. 테라스와 수평선 그리고 깃대와 울타리는 화면을 수평과 수직으로 분할합니다. 빨간 달리아 꽃이 만발한 테라스 정원과 파도가 넘실대는 푸른 바다는 색채의 대조를 이룹니다. 또 화면과 조화를 이루지 못하고 우뚝 솟은 깃대는 그림의 일체성을 훼손합니다. 더군다나 색색의 깃발이 허공에서 펄럭이는 광경은 인상주의 미술 이전에는 결코 허용되지 않았던 시도입니다.

우리는 이 그림에서 모네가, 회화의 구성이 반드시 원근법을 따라야 한다거나 색채가 형태와 조화를 이루어야 한다는 선입견에서 벗어나기 위해 애쓰고 있다는 사실을 알 수 있습니다.

라 그르누예르에서 수영하는 사람들 1869년, 내셔널 갤러리, 런던

파리 시민들은 센 강에 떠 있는 동그란 섬을 '라 그르누예르'라고 불렀습니다. '개구리 섬'이라는 뜻입니다. 이곳에는 시민들이 자유롭게 이용할 수 있는 수영장이 있었는데, 공휴일이면 누구나 배를 타고 가서 일광욕을 하거나 수영을 즐기곤 했습니다.

모네는 르누아르와 함께 이곳에서 수영하는 사람들을 그리곤 했습니다. 인상주의의 태동기에 그려진 여러 작품이 '라 그르누예르'를 소재로 한 풍경화이기 때문에 이곳은 미술의 역사에서도 아주 중요한 장소가 되었습니다.

모네의 그림은 마치 그리다 만 작품처럼 보입니다. 나룻배는 몇 개의 굵은 붓질로 처리했고, 강물에 몸을 담그고 있는 사람들도 어두운 색점으로 간단히 해결했습니다. 화면을 지배하는 짧고 거친 붓질은 도저히 정식 교육을 받은 화가의 솜씨로 보기 어려울 만큼 서투르고 무성의한 느낌을 줍니다. 모네는 살롱전에 출품하기 위해 라 그르누예르 연작을 그렸다고 하는데, 그림을 본 살롱전의 심사위원들이 얼마나 당황했을지 눈에 보이는 것 같습니다.